Heidrun Päulgen

# *Poesie*

Gedanken und Worte quer

durchs Leben

*Bibliografische Information der Deutschen Nationalbibliothek:*
*Die Deutsche Nationalbibliothek verzeichnet diese Publikation in der Deutschen Nationalbibliografie; detaillierte bibliografische Daten sind im Internet über http://dnb.dnb.de abrufbar.*

*© 2017 Heidrun Päulgen*
*Illustration:Heidrun Päulgen*

*Herstellung und Verlag: BoD – Books on Demand, Norderstedt*

**ISBN: 978-3-744869508**

Wer Fehler anderer erkennt, ist
klug,
wer die eigenen bekennt ist weise.
Wer  fehlerfrei durchs Leben
schwebt,
hat nicht gelebt

# Inhalt

# Durchs ganze Jahr

Im kühlen Morgentau

wenn sich der Tag erhebt,

hab ich die Fee gesucht

die Seidenfäden webt.

Zu feinsten Gespinsten

von Halm zu Halm

glänzt ihr Werk im frühen Licht.

Einzig die Fee ist mir entkommen

und ich finde sie nicht.

Hörst du das Lied des Frühlings
in den Gärten?
Nicht laut, doch kraftvoll schön.
Ein Chor aus Vogelstimmen
erfüllt dein Herz mit Sehnen.

Siehst du die Schmetterlinge tanzen
grazil und Elfen gleich?
Sie nehmen deinen Blick gefangen.
Doch du bist frei, sei wie du bist
und lebe was dein Leben ist.

Fühlst du die Kraft in deinem Herzen?
Sie trägt dich durch die Zeit.
In Liebe und im Schmerze
und ohne Furcht im Leid.

Und selbst in dunkler Nacht
Fühlst du dich gut bewacht.
Hörst du das Hohe Lied des Lebens?
Du bist die Melodie dazu.

Frühling schwebt auf leichten  Schwingen,
durch die warme, sanfte  Luft.
Hör von weit ein Kindersingen
und die Amsel ruft.

Der Duft von aufgebrochener Erde
weckt Sehnsucht nach Erneuerung,
dass alles wächst und wieder werde,
in ewiger Erinnerung.

Erste  Sonnenstrahlen zaubern
Schattenspiele an die Wand,
und ich nehme ohne Zaudern,
doch in Liebe,  deine Hand.

Will mit dir sein, will tanzen und lachen,
auch Küssen möchte ich dich,
und andere Sachen mag ich gern machen.
Sag mir,  liebst du auch mich?

Groß und prächtig steht die Linde,

wiegt die Zweige stolz im Wind.

In ihrem Schatten duckt

ein zartes Blümelein.

Doch hat der Sturm den Riesen umgeweht.

Das Blümelein es trauert nicht,

denn endlich steht es auch im Licht.

Weißer Nebel legt sich still

wie ein Schleier übers Tal.

Süßer Duft nach reifen Früchten.

Die Sonne steht schon tief

und wärmt ein letztes mal.


Wind zerrt Blätter von den Zweigen,

die kraftlos sich ergeben

und tänzelnd hin zur Erde schweben,

um zu vergeh'n  für neues Leben.


Stiller Glanz in deinen müden Augen,

staunend,  doch so voll Versteh'n.

Alles ist in Allem,

wird geboren um zu gehn.

Wenn früh die Nebel steigen

wie Wolkenschleier über'm  See,

ziehn die Gedanken fort

in mystisch ferne Zeiten.

Still steht der Reiher.

Doch hoch in den Lüften,

hör ich den Kranich kreischen.

Schau sehnsuchtsvoll

wie sie im großen Tross

gleich einer Perlenschnur

gen' Süden reisen.

Auf Wiedersehen!

Wintermärchen - Sonnenschein,

möchte gerne draußen sein.

Puderzucker - Flockentanz,

Schlitten fahr'n mit Bruder Hans.

Pudelmütze und ein Schal,

komm, wir rodeln noch einmal.

Hab die Handschuhe verloren

und die Finger rot gefroren.

Hinterm Ofen liegt das Kätzchen,

da ist sicher noch ein Plätzchen,

für zwei durch gefrorene Kinder,

im Winter.

Lichter blitzen,

und aus sämtlichen Ritzen tönen Lieder, wie

alle Jahre wieder.

Künstlicher Glanz in trauriger Welt,

Geschenke gibt's nur noch für Geld.

Hasten und hetzen, ich find' keine Ruh' ,

traurig guckt das Christkind zu.

Vom Himmel hoch,

fällt jetzt noch Schnee.

Vom Laufen tun die Füße weh.

Oh Tannenbaum, oh Tannenbaum,

du fehlst mir noch zum Weihnachtstraum.

Bist aus Plastik, ohne Duft,

die Glocke schon zur Vesper ruft.

Schnell noch den Braten in die Röhre,

da hör ich schon der Engel Chöre.

Ich öffne mir den guten Wein,

und lass Weihnachten endlich Weihnachten sein.

Das Fest

Aufstehen

Suchen und Sehen

Eingehüllt in Vertraut sein

In bunten Farben und Düften

Den Klang der Musik hören

Tanzen und Fröhlichkeit

Die Sterne weisen den Weg

Gut behütet und leichten Fußes

Den Weg zum Friedensfest gehen.

Feliz Navidad

Weiße  Atemfähnchen

am klirrend kalten Wintermorgen,

harscher Schnee knirscht

unter unseren Füßen.

Verzuckert scheint der Wald.

Das weite Feld, es glitzert,

tausend Diamanten gleich,

und deine Hand liegt in der meinen,

warm und weich.

Lass uns noch gehen ein Weilchen

und lass uns stehn ein Weilchen.

In wundersamer Winterwelt.

Die Zeit vergeht - das Jahr verrinnt,

mit Feuerwerk und viel Tamtam.

Trink deinen Wein,

und lausch' der Wünsche Sinn.

Sie plätschern eitel vor sich hin,

gleich einem kurzer Regenschauer

ins neue Jahr.

Und nichts davon ist je von Dauer.

# Das liebe Leben

Was hat das Herz

in meiner Brust zu klagen?

Es muss nur schlagen!

Ich seh' die Welt mit allem wie sie ist,

muss sie ertragen.

Muss mich mit falscher Liebe und

so manchem Kummer plagen...

Doch du, mein Herz,

du musst nur schlagen!

In meinem Bett

lag ich und träumte,
-vielleicht wars auch die Wirklichkeit,
dass mich ein Sehnen dräute
ganz nah bei dir zu sein
In meinem Bett
lag ich und träumte...

Herzklabaster,

Wimpern klimpern,

ein scheuer Blick-

ein schelmisch forsches Zwinkern.

Ein paar Worte, nur geflüstert,

ein paar Blicke, reichlich lüstern.

Deine Hand die meine hält.

Reden über Gott und die Welt.

Komm lass uns gehen,

zu mir oder zu dir?

auf ein Bier,

oder zwei,

vielleicht?

Längst hat mein Angesicht schon Falten

Die Haut wird welk,

man zählt mich zu den Alten.

Doch sehnt und schwant mir

noch das Glück zu halten

und Liebe und die Zärtlichkeit.

Mein Herz schlägt jung und

hat noch keine Falten.

Im roten Schleier sinkt die Schöne nieder,

verneigt sich vor der Dunkelheit.

Verspricht: Am Morgen komm ich wieder.

Was macht sie in der Nacht allein?

Der Mond indes hat kalte Glieder,

er möcht' so gerne bei ihr sein.

Im roten Schleier sinkt die Schöne nieder

und lässt den Mond des Nachts allein.

Sanfte Schwingen,

schwereloser Traum,

getragen vom Glück.


Entführ' mich Engel,

und lass mich fallen,

mitten ins Leben hinein.

Stilles Verstehen

in deinen Augen.

Ungesagte Worte,

die mich dennoch erreichen.

Berührst meine Seele,

hältst mich fest

ohne mich zu binden.

Gedanken ranken

in meinem Kopf.

Kreuzen und verschlingen sich,

stoßen an Schranken.

Gedachte Gedanken.


Gedanken fließen,

aus vielen Quellen

ineinander und verschmelzen.

Fragmente des Lebens,

aus der Vergangenheit

und der Zukunft

ins Jetzt.

Lange Suche, dunkle Stunden.

Angst, Verwirrung, tiefe Wunden.

Schutzlos geh ich durch die Nacht.


Sog und Strudel ziehn mich runter.

Halt mich fest, ich gehe unter.

Zerschlag das Eis und öffne die Tür

zu MIR.

In Form gebrachtes

# Drachen

Drachen,

grässlich grün

und Feuer speiend,

aber leider

ausgestorben.

Flucht

vor Krieg

und dem Verderben

in ein neues Land,

in dem es Hoffnung gibt,

in Sicherheit zu sein

und ohne Angst

einfach nur

leben.

Apfel,

außen prall

und leuchtend rot,

innen aber

Apfeltot.

## Elfchen

Im

ersten Morgenlicht

geh ich spazieren

Tau glitzert in den Wiesen.

Über

den Wolken
wohnt die Freiheit
und der Himmel ist
nah.

Zu zweit

allein sein,

gemeinsam verlassen,

getrennt vereint,-

in unsäglicher Einsamkeit.

## Zevenaar

In meinem Kopf bin ich allein,

hier kann ich alles denken.

Da kann ich ungestört

und mutig meine Schritte lenken.

Ich kann die Welt verbiegen

und in den Himmel fliegen.

Ein Held sein kann ich wenn ich will

auch schwach sein ohne Sorge.

Kann klein sein oder Riese,

beim Träumen auf der Wiese.

In meinem Kopf bin ich allein,

hier kann ich alles denken.

Am kühlen Meeresgrunde

sah ich den Nixen zu bei ihrem Spiel

Ob sie auch mich bemerkten?

Ihr Tanz war sehr grazil.

Bunt glitzerten die Leiber im blauen Licht

Wie schön geschmückte Bräute

in silberner Gischt.

Am kühlen Meeresgrunde

sah ich den Nixen zu bei ihrem Spiel.

# Rondell

Der Tag bricht an,

besiegt die Nacht.

Unschuldig noch und ohne Sorgen.

Der Tag bricht an.

Und aus der Asche letzter Glut

ein Traum von neuem Leben spricht.

Der Tag bricht an,

besiegt die Nacht.

Im Licht der Morgensonne

schimmert  zart

ein Seiden Kunstwerk

von besondrer Art,

- vom Haus bis hin zur Regentonne.

Im Licht der Morgensonne

schimmert's zart.

Indes der Künstler

sich diskret versteckt

bis ein Insekt

begehrliches Interesse weckt.

Im Licht der Morgensonne,

schimmert zart

ein Seiden Kunstwerk

von besondrer Art.

## Haiku

Über den Himmeln,

da wo die Ewigkeit wohnt

finde ich meinen Stern

Blütenfarbenrausch

unter lichtem Wolkenhimmel

Frühling im Park

Nach-gedachtes

Die Liebe

Wer wahre Liebe lebt,

in unbekannten Tiefen

und höchsten Höhen sich bewegt,

wer so manches Jammertal durchschreitet,

sich verbrennt und schrecklich leidet,

der weiß, dass diese große Macht

uns bis ins Alter glücklich macht.

## Andersrum

Du meinst die Anderen sind anders
weil du selber anders bist?
Du denkst dir deine Welt zusammen,
so wie sie dir gefällig ist.
Stehst fest auf auf deinem Standpunkt
von wo aus du die Dinge siehst.
Wie wär's wenn wir mal tauschen würden
und du von meinem Standpunkt sprichst?

Was denkt uns, was lenkt uns?

Wo ist der Weg und wo das Ziel?

Was ist zu wenig, was zu viel?

Was ist Schicksal, was ist Glück?

Was ist Traum und was die Wirklichkeit?

Wohin geht dir Zeit?

Ein Quell entspringt dem Schoß der Erde,

und wächst zum großen Fluss heran.

Ergießt am Ende sich im Meere,

wo aller Leben Anfang nahm.

Denn niemals bin ich je verloren

auch wenn ich stürbe meinen Tod.

So lebt doch weiter meine  Seele

in andren Dingen fort und fort.

Verneige mich vor jeder Blume,

vor jedem Leben, jedem Stein.

Ein jedes Ding hat seine Seele

auch wenn's vergeht, wird's ewig sein.

Wir sind gut,

sagt der Mann.

Wir sind, was wir sind,

sagt die Frau.

Wir können das,

sagt der Vater.

Aber ich kann es nicht,

sagt das Kind.

Dann wirst du es lernen,

sagt der Vater,

und die Mutter sagt:

das packst du schon!

Es ist zu schwer,

klagt das Kind.

Nicht für mich,

sagt der Vater.

Dann mach's doch alleine,

sagt das Kind.

Wir schaffen's gemeinsam, sagen die Eltern.

Wenn falsche Glücksversprechen

dir deine Seele brechen.

Wenn eitler Glanz die Augen blendet

und wenn die Last zu schwer ist zu ertragen

wirst du dich fragen:

„Hab ich die Zeit mit Falschem nur verschwendet?

Was bleibt, wenn heute schon mein Leben endet

und wo war die Zufriedenheit?"

Ich hastete so durch mein Leben

und fragte mich, wo geht es hin?
Und rechts und links an meinen Wegen
da suchte ich nach einem Sinn.
Verlor mein Lachen und die Liebe,
den Glauben an die Menschlichkeit.
Wer kann die Zweifel je besiegen,
und wer bleibt Sieger dieser Zeit?
Ich haste weiter durch mein Leben,
auf das ich keine Antwort weiß.

Wir haben die Zeit vergessen,

an langen Tischen gesessen

und zu viel Wein getrunken,

tief in Erinnerung versunken.

Wir haben gelacht und

wir haben geweint,

in  Freundschaft vereint.

Lang ist's vorbei,

der Tisch ist frei.

Der Tod sitzt mir im Nacken,

schaut mir beim Leben zu.

Ich hör ihn leise lachen

wie achtlos ich's vertue.

Mischt er sich jetzt schon in mein Sein,

- wo ich sein Pfand doch bin?

Die Endlichkeit ist dein, er spricht,

dass Wann und Wo bestimme ich!

Nur WIE du lebst bestimm' ich nicht.

Lang ist es her,

als alles noch so klar war.

Als wir noch träumend

in die Zukunft sahen.

Lang ist es her,

Als wir uns Illusionen machten

und über all die andren lachten,

die freudlos und gebeugt

durchs Leben gehen.

Getrieben von vergeblichem Bestreben

doch etwas glücklicher zu leben.

Auf der Bühne des Lebens

suchst Du mich vergebens.

Ich spiel keine Rolle,

bin nur ein Statist.

Schau zu wie sich die anderen mühen,

vor Enthusiasmus nur so sprühen.

Sich feiern lassen und sich loben

und selbstverliebt im Kreise drehn.

Sind manchmal unten, mal ganz oben.

Wollen erst ihr Leben proben.

Ich war nur Statist und kann jetzt gehn.

Wie kann ein Mensch

den Mensch als Mensch erkennen?
Selbst wenn er Augen eines Adlers hat,
lässt er von Tand und Stand sich blenden
wo nur ein Blinder Durchblick hat.

Wir schaffen das,
sagt Frau Merkel.
Gemeinsam sind wir stark,
antwortet das Volk.

Es ist zu viel,
sagen die einen.
Wir haben Angst,
bekennen die anderen.

Schließt die Grenzen,
fordern manche.
Schießt auf Menschen,
ruft ein Rest.

Wenn Gräber schluchzen,

und alle Götzen jubilieren,

wenn Schweine tanzen

und wenn Schafe frieren,

ist es zu spät,

wenn wir uns jetzt nicht rühren!

Bange Stille macht sich breit,

in der Nacht hat es geschneit.

Nichts erinnert, alles ist bedeckt.

Wir gehen voran im langen Treck.


Raben kreischen heischend über unsere Köpfe.

Hungrige Kinder, verlauste Zöpfe.

Vertröstet auf das nächste Mahl,

vielleicht am Abend, vielleicht erst morgen.

Sei still mein Kind, hab andere Sorgen.


Vorwärts, weiter, ohne Gnade,

das Meer gefroren, Gotenhafen noch weit,

zum Ausruhen ist jetzt keine Zeit.

Halt durch mein Kind,

kann dich nicht tragen, hör auf zu klagen!

Donnerndes Dröhnen in der Luft,
Schüsse gellen - der Schnee färbt sich rot...
mein armes Kind!
Erbarmungsloser Tod.

Bereite dir ein Bett aus Schnee,
deck dich zu mit letztem Kuss.
Eisige Tränen lass ich dir
als letzten Gruß.

Verlier' nicht die Geduld mit mir,

bin doch nur ein dummes Ding.

Ich sah dich, und ich folgte dir.

Erst jetzt frag ich nach dem: Wohin?

Mitmenschen

Tagtäglich hören wir Nachrichten zu der Flüchtlingssituation und schauen uns emotional aufgeheizte und wenig sachlich geführte Talkshows zu diesem Thema an.

Unsere Politiker tragen ihre Hilflosigkeit offen zur Schau, was zur Verunsicherung der Menschen und einer erschreckenden Spaltung der Bevölkerung führt. Neid, Missgunst und Gewalt breiten sich aus wie die Pest.

Warum tun wir uns so schwer?

Wir leben in einer weltweit vernetzten, globalisierten Welt.

Wir treiben Handel mit fragwürdigen Regierungen. Wir beuten ohne schlechtes Gewissen Menschen aus, um Gewinne zu maximieren. Wir liefern Waffen in Krisen und Kriegsgebiete.

Und ja, - natürlich reisen wir gerne in alle Winkel dieser Erde, um „fremde Kulturen" kennenzulernen.

Wenn uns jedoch Menschen aus Not und Elend zu nahe kommen, dann igeln wir uns ein in unserem gemütlichen Wohnzimmer und wollen unsere Ruhe!

Man hat ja schon beim Zuschauen am Fernseher Schweißperlchen auf der Stirn.

Einfach unerträglich, diese Bilder von Krieg , Sterben und Zerstörung.

Wir sind privilegiert! Welch ein Glück ! !

Aber... wir sind doch alle Menschen, und wirklich Mensch zu sein erfordert mitunter Mut.

Mut, offen aufeinander zuzugehen und nicht nur zuzusehen oder gar wegzusehen!

Nicht alles wird dann gut, aber vieles wird besser!

Nicht allein!

In meiner Not wende ich mich an meinen Bruder.

Er ist sicher nicht der, dem ich zutraue, mir aus
der Klemme zu helfen. Aber er ist gerade da.

Ich erzähle ihm von meinem Problem.

Wider Erwarten hört er mir geduldig zu,
unterbricht mich nicht!

Es beruhigt mich, und es irritiert mich
gleichermaßen. Ich bin es nicht gewohnt, dass er
geduldig ist oder gar aufmerksam.

Als ich ihm alles gesagt habe, ist er lange still.

Er schaut auf seine Hände, als ob es dort eine
Antwort abzulesen gäbe.

Dann legt er seine Hand auf die meine, und sagt
ganz einfach:     Wir schaffen dass!

Allein diese drei Worte geben mir Kraft und
Zuversicht, die Dinge neu zu ordnen und
gelassener anzugehen.

Nun weiß ich, ich bin nicht allein!

Heiter bis wolkig

## Gedanken im März

Der März scheint vielmehr der Frühling als der April, und weit weniger Winter als der Februar. Eine immer wiederkehrende Sehnsucht nach Erneuerung erfasst die Menschen. Der Aufbruch in der Natur wird sichtbar. Die Bauern im Umland beginnen mit der Vorbereitung ihrer Felder. Das rattern der Traktoren. Es riecht nach aufgebrochener Erde. Eine imaginäre Aufbruchstimmung macht sich breit.

Die Tage werden länger, die Sommerzeit beginnt, es treibt uns an, beflügelt und inspiriert uns.

Das Kreischen der Kraniche, die in großen Formationen aus dem Süden zurückkehren, ist ein sicheres Zeichen für den beginnenden Frühling. Auch unsere Singvögel sind plötzlich wieder da und emsig mit Nestbau und Brut beschäftigt. Wie schön ihr Singen klingt. Ihr jubilieren am Himmel erinnert fast an Violinen.

Es zieht mich in den Garten, um die ersten grünen Spitzen der Frühblüher zu entdecken.

Schneeglöckchen und Krokusse , ich begrüße sie wie alte Freunde. Welche Freude!

Die schon verblühten Hyazinthen, die mir zum Geburtstag geschenkt wurden, pflanze ich nun auch ins Beet. Sie werden nächstes Jahr neu erblühen. Die ersten warmen Sonnenstrahlen wärmen mein Gesicht und meine Seele.

Das triste Grau der vergangenen Monate weicht nach und nach. Frisches Grün, Gelb und Violett erobert die Beete. Gänseblümchen verzaubern die Wiese mit ihren zarten weißen Köpfchen, ich denke an Kindertage, wo wir Blütenkränze daraus flochten.

Die Natur erwacht und alles ist erfüllt von neuem Leben, Jahr für Jahr im März.

Sonntag ist Familientag. Schon immer sind wir
nach dem Kaffeetrinken bei gutem und bei
weniger gutem Wetter spazieren gegangen. Alle bis
auf Mama, die sich gleich wieder auf ihre nächste
Aufgabe stürzt und das Abendbrot vorbereitet.
Bruder Hans, Papa , mein Mann, unsere
Zwillingsmädchen und ich machen uns auf den
Weg. Papa verspricht uns eine Überraschung und
schlägt eine Tour über den ehemaligen
Truppenübungsplatz vor. Von dort hat man eine
wunderschöne „rundum" Sicht auf die Höhen des
Siegerlandes. Natürlich verbinden die Mädchen
mit Überraschung nicht gerade eine schöne
Aussicht.
„In dieser Generation kannst du nur noch mit
„Action" punkten", bemerkt  mein Bruder lächelnd.
Uns Erwachsenen hat Papa nicht zu viel
versprochen. Bei herrlichem Sommerwetter

genießen wir das Naturschutzgebiet mit dem Ausblick ins Umland und versuchen die Lage von Kreuztal, Berleburg und Kaan Marienborn zu bestimmen.

Die Kinder indes haben sich zu einem nahegelegenen Kletterbaum begeben, um den sich viele mystische Geschichten ranken.

Es dauert nicht lange bis Sabine, das ältere Zwillingsmädchen atemlos angelaufen kommt. Ihr Mund, ihre Hände, alles ist rot!

„Opa hast du ein Taschentuch?", ruft sie aufgeregt.

Das Schlimmste ahnend fragen wir, ob sie von dem Baum gestürzt sei.

„Nein, antwortet sie lachend, wir brauchen es für die Himbeeren!

Wir wollen der Oma Himbeeren pflücken, damit sie auch etwas von unserem Spaziergang hat!"

„So ein gutes altes Stofftaschentuch ist doch für vieles nützlich", schmunzelt Papa zufrieden und zieht das sorgfältig gebügelte und gefaltete Tuch aus seiner Jackentasche.

## Der braune Koffer

Mit der Reise an die See erfülle ich mir einen
Traum. Ich reise allein und habe eine Bleibe im
Haus meiner Tante, die zur Zeit in Kur weilt. Das
kleine ehemalige Kapitänshäuschen liegt
unmittelbar am Deich, und der Weg durch den
Garten führt vorbei an einer Wildrosenhecke,
direkt zum naturbelassenen Strand. Ich werde das
hübsche Gästezimmers unterm Dach beziehen,
von wo aus man einen wunderschönen Blick auf
Dünen und Meer hat. Besser geht nicht! Tante
Imka ist froh, während ihrer Abwesenheit
jemanden im Haus zu wissen, und ich freue mich
auf drei Wochen Ruhe, wo ich ungestört und nach
Herzenslust Schreiben kann.
Als ich den alten braunen Lederkoffer vom
Kleiderschrank hole, muss ich ihn erst entstauben.
Liebevoll streiche ich mit der Hand über das von

Gebrauchsspuren gekennzeichnete Leder, einige Aufkleber erzählen von Reisen in ferne Länder. Sorgfältig fülle ich ihn mit den ausgewählten wichtigsten Kleidungsstücken, Kosmetikartikeln und, - ganz wichtig: Laptop, Block und meinen Lieblingsstiften.

Ich erinnere mich an den Tag, als der Koffer in meinem Leben ankam.

Vor ein paar Jahren habe ich ihn bei einer Auktion des Frankfurter Flughafens erworben. Er gehört zu den vielen Gegenständen, die vergessen wurden, aus irgendeinem Grund dort gestrandet sind. Nach einer gewissen Frist werden sie versteigert. Für mich war es Liebe auf den ersten Blick. Er hat mich irgendwie fasziniert. Ich war gespannt, was er mir zu erzählen hatte, und was er vom Leben des Vorbesitzers preiszugeben bereit war.

Ein Gefühl von Sehnsucht erfasste mich, zumindest in Gedanken mit dem Inhalt des Koffers auf Reisen zu gehen.

Und dann, der feierliche Moment als er in meinem

Wohnzimmer stand und ich das unverschlossene Schloss mit einem Klick öffnete. Der Inhalt des Koffers machte klar, dass es sich bei der Besitzerin m eine Dame gehandelt hat. Die Kleidungsstücke zeugten von Stil und verrieten, dass sie die letzte gemeinsame Reise mit ihrem Koffer in wärmere Gefilde unternommen hat. Ein zerbeulter, breitkrempiger Sonnenhut, bequeme Leinen-Bekleidung , aber auch festes Schuhwerk zeugten von ihren Unternehmungen. Ein Reiseführer löste das Rätsel um ihr Reiseziel: Ägypten.

In einem der Schuhe fand ich, sorgfältig eingewickelt in ein Seidentuch , einen kleinen Glasflakon. Als ich ihn öffnete,nahm ich den Duft von kostbarem Rosenöl wahr. Unter weiteren Kleidungsstücken entdeckte ich ein Reisetagebuch. Ich blätterte und staunte wie wunderschön sie ihre Eindrücke niedergeschrieben und manches sogar durch eine kleine Skizze ergänzt hatte.Sie ließ mich eintauchen und in Gedanken ein Stück mit ihr zusammen reisen. Gerne hätte ich mehr über sie erfahren. Warum hatte sie den Koffer am Flughafen zurückgelassen? Ob sie ihn vermisst, ihren alten braunen Koffer? Ich werde ihn jedenfalls in Ehren halten, mich von ihm inspirieren lassen zur Freiheit des Reisens, des Erinnerns und vor allem des Schreibens.

## Klassentreffen

Mein Gott, wie aufregend, ein Klassentreffen!
Nach 55 Jahren sehen wir uns wieder.
All die Jahre zuvor hat sich niemand dafür
interessiert, niemand gekümmert.
Ort des Events ist die alte Dorfkneipe, die unweit
unserer ehemaligen Volksschule immer noch
existiert. Ich habe mich dafür in Schale geworfen.
Bin zur Kosmetikerin und zum Friseur gegangen.
Ein neues Outfit musste auch sein. Derart
aufgebrezelt und gestylt mache ich mich schon
eine knappe Stunde eher auf den Weg zum
Treffpunkt. Von meinen Eltern, bei denen ich
Logie für die Nacht bezogen habe, sind es nur
zehn Minuten Fußweg. Da ich in Dorsten lebe,
habe ich ansonsten wenig Kontakt zu den Leuten
im Ort.

Ich setze mich in eine Ecke des Gastraumes um zu checken, wer da alles so reinkommt. Ob ich sie noch erkenne, meine Mitschüler und Mitschülerinnen? Bin jetzt richtig aufgeregt.

Die Tür zum Gastraum öffnet sich. Ein älteres Pärchen betritt den Raum.

Keine Ahnung, das sind sicher keine Klassenkameraden. Weitere ältere Herrschaften folgen.

Vielleicht ein runder Geburtstag von 70 bis - was weiß ich, - alles drin!

Nach einer Stunde werde ich langsam unruhig und frage den Wirt nach dem reservierten Raum fürs Klassentreffen. Er führt mich hin. Ich bin wohl der Rest, wie peinlich!

Der Raum ist gut besetzt. Einige der älteren Herrschaften von vorhin sehe ich wieder. Ich muss schlucken bei der Einsicht, dass ich keinen der Anwesenden auf Anhieb erkannt habe. Die hübsche Uschi, damals Schwarm aller Jungs - , der schneidige Franz mit Brille, Bart und Bauchansatz, die ehemals gertenschlanke Hanni, Helmut mit den dichten schwarzen Locken, heute in lichtem Grau, oder Inge mit ihren süßen Grübchen, kaum wiederzuerkennen. Auch ich werde in Augenschein genommen. „Elke?", fragt Anne zweifelnd. „Mein Gott, wie haben wir uns verändert!" Ich werde fröhlich in die Runde der Runzligen, Fülligen, Grauhaarigen, Bebrillten oder Glatzköpfigen aufgenommen und wir versinken gemeinsam in dem Meer der Erinnerungen.

Obligatorische zwei Minuten

Manche Leute haben ein etwas verzerrtes Zeitgefühl, wenn es zum Beispiel um zwei Minuten Hilfe geht.

Während ich mich als Außendienstlerin beflissen bemühe, meine Termine punktgenau einzuhalten, - mitunter so, dass es verkehrsrechtliche Konsequenzen nach sich zieht, nur um meinen Terminpartner nicht aus seinem Zeitfenster zu stoßen, - fallen mir andererseits meine wenigen grauen Haare vom Kopf, wenn mich mein so geduldiger Partner  bittet, ihm zwei Minuten bei irgend einer Tätigkeit zu helfen.

Es gelingt ihm regelmäßig,  zehn, zwanzig, oder gar dreißig Minuten zu zwei Minuten zusammenzupressen, sodass ich getrost alles andere um wenigstens eine halbe Stunde verschieben muss.

Hat er dadurch einen Vorteil? Ist er ein Minutendieb?

Spart er sich die Zeit, die ich ihm länger zur Verfügung stehe?

Lebt er dadurch vielleicht sogar länger?

Ach wenn ich's nur wüsste, was er mit meiner Zeit anfängt.

Vielleicht hebt er sie ja für mich auf???

Lachen ist gesund

Ich lese, die VHS bietet unter der Rubrik

„Gesundheit" einen speziellen Kurs an, in dem es

um Lachübungen geht, ein sogenanntes

„Lachyoga."

Komischer Gedanke, sich mit fremden Leuten zu

treffen und womöglich

auf Kommando und völlig grundlos zu

lachen,...und das in Siegen!!

Vielleicht noch in verschiedenen Tonlagen?!

Allein diese Vorstellung entlockt mir ein schräges

Grinsen, sehr witzig!

Aber was soll's, ich mach da mal mit!

Aus purer Neugier natürlich und der Gesundheit

zuliebe. Klingt auch weit weniger schweißtreibend

als Joggen. Der Kursleiter, seines Zeichens

amtierender Clown einer Kinderklinik, beginnt mit
der theoretischen Einführung. Atmung und
Lachen  sollen sich positiv über das Zwerchfell  auf
Herz,  Darm und nicht zuletzt auch die Seele
auswirken.

Wir beginnen mit Lockerungsübungen, lassen
alles, was wackeln kann, wackeln. Gefolgt von
mehrfach tiefem Ein- und wieder Ausatmen, -
aber bitte mit Lippenbremse! Welch eine
Vorstellung! (die  Handbremse war mir ein
Begriff... ) Weiter geht es mit der Finger –
Akupressur, die für die Stimulation sorgt, wie er
sagt.

Nun kommen wir zum Kern der Veranstaltung:
Wir beginnen mit der Lachübung!

Ein zuerst  trocken gehecheltes „Ho ho,  ha ha ha,
Ho ho, ha ha ha", schwillt langsam an zum
rhythmisch ekstatischen Chor, worauf sich,
- ob der Komik, eine unvorhersehbare Lachsalve
entwickelt.

Meine Lippen sind nicht mehr zu bremsen. Muss

raus zur Toilette, mich beruhigen und meine Gesichtsmuskulatur wieder unter Kontrolle bringen.

Das war hart! Noch einmal tief durchatmen und ich betrete den Raum erneut, wo geatmet , gehechelt und gelacht wird, diesmal sehr motiviert.

Was ich mitgenommen habe aus diesem Kurs, ist tatsächlich einen ordentlichen Muskelkater im Zwerchfellbereich, ein paar zusätzliche Lachfältchen und die Erkenntnis,

dass Lachen, ganz gleich wo und mit wem, tierisch viel Freude macht.

## Else und Karl Friedrich

Else stellt sich halb hinter Karl Friedrich.

Ein Foto will man von uns machen, mein Gott, wie aufregend!

Wir sollen einfach nur stillstehen, sonst nichts.

Ich schaue meinen Mann von der Seite an.

Wie er da steht, mit seiner Heugabel. Man könnte grad meinen, er fühlt sich bewaffnet.

Ich hab das Gefühl,... ja verdammt, ich habe Gefühle!! Die er nicht kennt, nicht einmal ahnt, und erst recht nicht wahrnimmt.

Grob ist er und steif in seinem Gehabe. Alles muss seine Ordnung haben, glatt und sauber sein!

Passiert einmal etwas Unerwartetes, oder Wunderliches, dann muss er es sofort korrigieren.

Anderssein ist ihm unheimlich.

Großer Gott, erst in diesem Moment des

fotografiert Werdens und stille Haltens erkenne
ich meinen Mann!

So, als sähe ich ihn zum allerersten Mal.

Die Maske der Frömmigkeit, hinter der er seine
Macht ausübt. Der schmale Mund, der seine Härte
verrät.

Der sture Blick, der jede liebevolle Geste
abschmettert, als wäre es eine Waffe gegen die es
sich zu wehren gilt. Und jetzt noch, wie zum
Beweis: die Heugabel!

Es blitzt und pufft: Das Foto ist fertig und mein
Bild von Karl Friedrich hat sich in meine Seele
eingebrannt.

## Rumpelkammer

Wir haben ja so den Kopf voll Gedanken...

Wirr, bunt, schwer, kleinkariert, manchmal gut,

manchmal böse, und so weiter...

Sie schwirren durch unseren Kopf,

stapeln sich hinter einer Türe mit der Aufschrift:

Vorsicht!! „Gedankengut - Sammellager".

Manchmal fühle ich das Chaos körperlich.

Ich spüre schmerzlich, wie es sich in meinem

„Hinterstübchen" ausbreitet und stelle mir vor wie

alles kreuz und quer herumliegt.

Einige Gedanken kommen fast nie zur Ruhe, sie

geistern sogar nachts noch durch meinen Kopf,

besetzen mich sozusagen. Andere überschlagen

sich förmlich.

Es geht um „Gott und seine Welt."

Vieles unter dem Oberbegriff „Erinnerungen"

liegt in der hintersten Ecke versteckt, und wenn

ich sie brauche, diese Erinnerung, muss ich sie erst
ausgraben und mühsam zusammen puzzeln. Ist sie
dann noch wahr, oder vermischt sie sich mit
anderen Eindrücken? Ist das Vergessen mitunter
sogar die bessere Variante?

Als besonders schwierig empfinde ich  das
Zusammenhalten von Gedanken. Wenn's drauf
ankommt,  entgleiten sie mir und verschwinden im
schwarzen Loch des Vergessens:  Ein Gesicht, ein
Name,  ein Schlüssel,  ein Termin,  ein Geburtstag,
meine Mutter an der Aldi Kasse oder ein: „Ach,
was wollte ich jetzt eigentlich hier im Keller
holen?"

Es wiederholt sich immer öfter, und manchmal ist
es voll peinlich!

Mittlerweile hat sich viel Unsinn da oben
eingenistet, der dringend ausgemistet gehört, damit
wieder Platz für Neues ist, oder einfach nur  mehr
Klarheit.

Lieber Gott, könntest du nicht über Nacht mit
einer Putzkolonne  anrücken und mir eine

Gehirnwäsche verpassen, sodass ich morgens wieder ungehindert loslegen kann, frische Gedanken und neue Ideen zu sammeln.?

## Zahnweh

Papa hat Zahnweh. Es ist Sonntag, Mama schaut
im Internet nach einem Notdienst.
Der nächste zahnärztliche Notdienst heißt Dr.
Klein, seine Praxis befindet sich in Altenkirchen.
„Das ist eine geschlagene Stunde zu fahren", klagt
der Schmerz geplagte.
Er hält sich einen Eisbeutel auf die Wange.
Mutter kann sich trotz der misslichen Situation
eine Bemerkung nicht verkneifen.
„Du solltest vielleicht etwas vorsichtiger sein beim
Nüsse knacken, dafür gibt es schließlich
Nussknacker..
Hat Papa Tränen des Schmerzes, oder gar der Wut
in seinen Augen?
Ein abgebrochener Zahn ist keine Lappalie, erst
recht nicht, wenn der restliche Stummel schon bis
in die Wurzel kariös ist.
Mama sucht das Krankenkärtchen, nimmt einen

frischen Kühl Akku aus dem Eisschrank und bietet
Papa eine Schmerztablette der Extraklasse an,
damit er und seine Begleiter die weite Fahrt
einigermaßen gut überstehen.

Als sie in Altenkirchen ankommen, lesen sie ein
Schild an der Praxistüre:

Wegen plötzlichem Notfall geschlossen! Wenden
sie sich in dringenden Fällen bitte an Dr. Eberlein,
Dorfstrasse 6.

Nach weiteren zehn Minuten ist auch dieses Ziel
erreicht, die angegebene Adresse gefunden.

Das Schild mit der Aufschrift: „Tierarztpraxis"
gibt Papa den Rest!

Ihm steht das Wasser in den Augen und er scheint
noch ein wenig blasser als zuvor:

„Dasch daaf doch nish wah sein" , schlurft es aus
seinem verschwollenen Mund.

Mutter ist jetzt ganz in ihrem Element und läutet
an der Praxistür.

Ein Bär von einem Mann, mit  blutbespritzter
Gummischürze öffnet und fragt freundlich, um

welches Tier es sich handelt, dass seiner Hilfe
bedarf.

„Um meinen Mann, gibt Mutter kleinlaut zur
Antwort, er hat Zahnschmerzen."

„Na, dann haben Sie bitte  noch einen Augenblick
Geduld,  ich bin gleich mit dem Dackel von  Dr.
Klein fertig,  dann kann er  sich in seiner Praxis um
ihren Mann kümmern."

Ich meine fast, das Poltern des Steines zu
vernehmen, der Papa gerade vom Herzen rollt.

Bleibt die Moral von der Geschicht:  „Knack Nüsse
mit den Zähnen nicht!"

## Lästereien

„Tach Ilse, wat gibtet Neues?

Man erfährt ja sonst nichts, hat ja keiner mehr Zeit

für 'en Schwätzchen.

Nur der Kerl dahinten, der da auf seinem

Pappdeckel sitzt, und seine Hut hinhält,

der sitzt von morgens bis abends da.

 Ich seh dat ja immer. Ich sach dir, von morgens bis

abends sitzt der da und macht NIX! Der arbeitet

nix!! Während sich unsereins durchbeißen muss,

hält der nur den Hut hin!

Kann man davon denn satt werden?

Ich find et ja furchtbar, dat is doch kein Anblick.

Der verschandelt doch dat ganze   Straßenbild mit

den schönen neuen Bäumchen und den schicken

Geschäfte. Apropos, wo geht der denn hin, wenn

er ma, ...na ja, du weißt schon wat?

Der wird wohl irgendwo fragen müssen, ob er mal

darf... Möchte ma wissen, wo der schläft?

Na ja, jedenfalls braucht der bestimmt keine
Fenster zu putzen, Ilse.

Ach Gott ja, die müsste ich auch mal wieder..., aber
man kommt ja zu nix.

War heut Morgen noch auf'm Amt, Ilse, Geld
holen. Den kannste auch die Schuhe im Gehen
besohlen, die denken wohl wir hätten ewig Zeit.
Hastet ma wieder eilig, Ilse,? Wo willste denn
hin??"

„Zum Optiker Else, ich brauch dringend mal
wieder etwas mehr Durchblick!"

„Hast du dat gehört, gestern Abend?

Bei Schreibers war wohl kräftig die „Kacke am dampfen", Ilse. Dat ging über eine Stunde.

Dann kam der Alte raus zum Rauchen.

Ist ja auch kein Wunder, bei den Plagen...

Der Große läuft mit 'nem grünem Hahnenkamm umher!

Ob der überhaupt noch zur Schule geht?

Ich seh' ihn jedenfalls nicht, wenn ich morgens lüfte.

Und die Tochter, ja dat ist ja dat Neuste, die is jetzt mit so einem Südländischen zusammen, Araber oder wat auch immer, jedenfalls nix deutsches!

Sie selbst, also die Frau Schreiber, treffe ich schon mal beim Metzger.

Die sagt ja nie wat, hält sich wohl für wat Besseres!

Der muss man immer die Würmer aus de Nase ziehn. Hat wohl nix über für gute Nachbarschaft.

So wat muss man doch pflegen! Mit der hab ich noch nie 'nen Kaffee getrunken.

Da muss man richtig vorsichtig sein, wenn jemand
so wenig Kontakt zur Nachbarschaft hat! Man
weiß ja nie!! Dabei will man doch eigentlich nur
wissen, ob es denen gut geht.

Also, jetzt mal ehrlich, wenn du so ein Früchtchen
von Sohn hättest, würdest du dich doch auch nur
schämen. Und 'ne Tochter, die 'en Muslim
heiratet...

Jetzt sach du doch auch mal wat, Ilse!"

„Na ja Erna, der Sohn hat gestern sein Abi gefeiert,
ist wohl ein echter Streber, der Alex!  Die Tochter
ist übrigens mit dem Sohn von unserm Zahnarzt
zusammen. Was machen denn eigentlich deine
Kinder,  Erna?"

## Robert

Mir fehlen die Worte, die Luft bleibt mir weg!
Das dieser Luftikus es wagt sich hier sehen zu
lassen! Mir meinen Tag zu vermiesen. Mit allen
habe ich gerechnet, nur nicht mit ihm. Es soll ein
schöner, besonderer Tag werden, mein sechzigster
Geburtstag. Freunde und Familie sind gekommen
um mir zuzuschauen wie ich mein
Geburtstagsgeschenk einlöse, und aus vielen
Kilometern Höhe via Tandem Sprung aus einem
kleinen Flieger springe. Sowieso schon ein
aufregendes Unterfangen, das mir viel Mut
abverlangt. Hätte ich nur den Mund nicht so voll
genommen, diesen Wunsch vor meinen Kindern zu
erwähnen! Und dann, der Hammer: Ausgerechnet
Robert! Dieser Schönling, dieser Flirt Experte,
dieser...was weiß ich noch alles, bei dessen bloßen
Anblick mir schon damals vor zwanzig Jahren das
Herz bebte. Der mich kläglich im Stich ließ, um

einer feurigen Schönheit nachzugeifern.

Ausgerechnet Robert, nachdem ich mich lange in Sehnsucht verzehrte, ist mein Tandem Partner!

Wie soll ich das aushalten?

Ich werde aufgefordert mir das nötige Tandem Geschirr anzulegen und mich zum Flugzeug zu begeben.

Breit lächelnd steht er da und raubt mir immer noch den Atem. Er begrüßt mich herzlich mit dem Spruch: „Es ist mir eine große Freude mit dir in den Himmel zu fliegen, um gemeinsam ins Vergnügen zu stürzen. Auf eine glückliche Landung", flüstert er und zwinkert mir zu, „darauf habe ich mich lange gefreut!"

Hatten meine Kinder etwa... weil sie davon wussten... nein, wie peinlich!

Und dann, der Sprung...eng mit ihm verbunden..., und ab ins Ungewisse.

Atemberaubend!

# Wolkenbilder

An einem See im Gras liegend, beobachte ich am Himmel vorbeiziehende Wolken.

Ich bestaune den ständigen Prozess der Veränderung.

Manchmal erinnern sie mich an ein Tier oder doch ein Schiff? In einer anderen Wolke erahne ich ein Gesicht. Letztendlich sind sie wie flüchtige Gedanken. Phantasievoll und irreal. Sie bauen sich auf, verändern sich, segeln dahin.

Sie lösen sich auf und werden vergessen...

Ich stehe auf, laufe zum See und tauche ein ins erfrischende Nass. Auch hier sehe ich Wolkenbilder gespiegelt im Wasser, durch die Wellen verzerrt. Verletzte Wolken, blitzende Gebilde. Ich verlasse das Wasser, wickle mich in mein Badetuch und entspanne mich in der Wärme der Sonne.   Alle Wolken sind verflogen.

Danke an Ursula, Rudi, Peter, Patrick und Paul
und all die lieben Menschen die mich mit Worten
und Taten unterstützt und motiviert haben.